Impressum
Verlag: BABADADA GmbH, Nedderfeld 112 , 22529 Hamburg
Geschäftsführer / Verlagsleitung: Harald Hof
Druck: Books on Demand GmbH, In de Tarpen 42, 22848 Norderstedt

Imprint
Publisher: BABADADA GmbH, Nedderfeld 112 , 22529 Hamburg, Germany
Managing Director / Publishing direction: Harald Hof
Print: Books on Demand GmbH, In de Tarpen 42, 22848 Norderstedt

delen
dividieren

186/2

bord
Tafel

klaslokaal
Klassenzimmer

speelplaats
Schulhof

leerkracht
Lehrer

papier
Papier

schrijven
schreiben

pen
Stift

bureau
Schreibtisch

liniaal
Lineal

boek
Buch

leerling
Schüler

schooltas

Ranzen

pennenzak

Federmappe

potlood

Bleistift

puntenslijper

Bleistiftanspitzer

gom

Radiergummi

tekenblok

Zeichenblock

tekening

Zeichnung

verfborstel

Pinsel

verfdoos

Malkasten

schaar

Schere

lijm

Klebstoff

werkboek

Übungsheft

huiswerk

Hausaufgabe

nummer

Zahl

optellen

addieren

aftrekken

subtrahieren

vermenigvuldigen

multiplizieren

rekenen

rechnen

letter

Buchstabe

alfabet

Alphabet

woord

Wort

tekst

Text

Lezen

lesen

krijt

Kreide

les

Stunde

klassenboek

Klassenbuch

examen

Prüfung

certificaat

Zeugnis

schooluniform

Schuluniform

onderwijs

Ausbildung

encyclopedie

Lexikon

universiteit

Universität

microscoop

Mikroskop

kaart

Karte

papiermand

Papierkorb

hotel
Hotel

jeugdherberg
Herberge

wisselkantoor
Wechselstube

koffer
Koffer

auto
Auto

Taal

Sprache

ja / nee

ja / nein

oké

Okay

hallo

Hallo

vertaler

Übersetzer

bedankt

Danke

Hoeveel kost …?

Was kostet…?

Ik begrijp het niet

Ich verstehe nicht

probleem

Problem

Goedenavond!

Guten Abend!

Goedemorgen!

Guten Morgen!

Goedenavond!

Gute Nacht!

Tot ziens

Auf Wiedersehen

richting

Richtung

bagage

Gepäck

zak

Tasche

rugzak

Rucksack

gast

Gast

kamer

Zimmer

slaapzak

Schlafsack

tent

Zelt

reis - Reise

toeristeninformatie

Touristeninformation

strand

Strand

kredietkaart

Kreditkarte

ontbijt

Frühstück

lunch

Mittagessen

avondeten

Abendessen

ticket

Fahrkarte

lift

Fahrstuhl

postzegel

Briefmarke

grens

Grenze

douane

Zoll

ambassade

Botschaft

visum

Visum

paspoort

Pass

schip
Schiff

vliegtuig
Flugzeug

brandweerwagen
Feuerwehrauto

bus
Bus

vrachtwagen
Lastwagen

motorboot
Motorboot

fiets
Fahrrad

auto
Auto

veerboot	boot	motor
Fähre	Boot	Motorrad

politiewagen	racewagen	huurauto
Polizeiauto	Rennauto	Mietwagen

carpoolen

Carsharing

sleepwagen

Abschleppwagen

vuilniswagen

Müllauto

motor

Motor

benzine

Kraftstoff

benzinestation

Tankstelle

verkeersbord

Verkehrsschild

verkeer

Verkehr

file

Stau

parkeerplaats

Parkplatz

station

Bahnhof

sporen

Schienen

trein

Zug

tram

Straßenbahn

wagon

Wagon

helikopter

Helikopter

luchthaven

Flughafen

toren

Tower

passagier

Passagier

container

Container

karton

Karton

kar

Karren

mand

Korb

opstijgen / landen

starten / landen

stad

Stadt

dorp

Dorf

stadscentrum

Stadtzentrum

huis

Haus

bioscoop
Kino

reclame
Werbung

straatlantaarn
Straßenlaterne

CINEMA

straat
Straße

taxi
Taxi

kiosk
Kiosk

voetganger
Fußgänger

trottoir
Bürgersteig

zebrapad
Zebrastreifen

vuilnisbak
Mülltonne

kruispunt
Kreuzung

verkeerslichten
Ampel

hut

Hütte

woning

Wohnung

station

Bahnhof

stadshuis

Rathaus

museum

Museum

school

Schule

universiteit

Universität

bank

Bank

ziekenhuis

Krankenhaus

hotel

Hotel

apotheek

Apotheke

kantoor

Büro

boekwinkel

Buchhandlung

winkel

Geschäft

bloemenwinkel

Blumenladen

supermarkt

Supermarkt

markt

Markt

warenhuis

Kaufhaus

vishandelaar

Fischhändler

winkelcentrum

Einkaufszentrum

haven

Hafen

stad - Stadt

park

Park

bank

Bank

brug

Brücke

trap

Treppe

metro

U-Bahn

tunnel

Tunnel

bushalte

Bushaltestelle

bar

Bar

restaurant

Restaurant

brievenbus

Briefkasten

straatnaambord

Straßenschild

parkeermeter

Parkuhr

zoo

Zoo

zwembad

Badeanstalt

moskee

Moschee

boerderij

Bauernhof

milieuverontreiniging

Umweltverschmutzung

kerkhof

Friedhof

kerk

Kirche

speelplaats

Spielplatz

tempel

Tempel

landschap

Landschaft

blad
Blatt

wegwijzer
Wegweiser

weg
Weg

weide
Wiese

steen
Stein

boom
Baum

wandelaar
Wanderer

rivier
Fluss

gras
Gras

bloem
Blume

vallei

Tal

heuvel

Berg

meer

See

bos

Wald

woestijn

Wüste

vulkaan

Vulkan

kasteel

Schloss

regenboog

Regenbogen

paddenstoel

Pilz

palmboom

Palme

mug

Moskito

vlieg

Fliege

mier

Ameise

bijl

Biene

spin

Spinne

kever

Käfer

kikker

Frosch

eekhoorn

Eichhörnchen

egel

Igel

haas

Hase

uil

Eule

vogel

Vogel

zwaan

Schwan

wild zwijn

Wildschwein

hert

Hirsch

eland

Elch

dam

Staudamm

windturbine

Windrad

zonnepaneel

Solarmodul

klimaat

Klima

ober
Kellner

menu
Speisekarte

stoel
Stuhl

pizza
Pizza

soep
Suppe

tafelkleed
Tischdecke

bestek
Besteck

voorgerecht

Vorspeise

hoofdgerecht

Hauptgericht

nagerecht

Nachspeise

drankjes

Getränke

eten

Essen

fles

Flasche

fastfood

Fastfood

street food

Streetfood

theepot

Teekanne

suikerpot

Zuckerdose

portie

Portion

espressomachine

Espressomaschine

kinderstoel

Hochstuhl

rekening

Rechnung

dienblad

Tablett

mes

Messer

vork

Gabel

lepel

Löffel

theelepel

Teelöffel

serviette

Serviette

glas

Glas

bord

Teller

soepbord

Suppenteller

schoteltje

Untertasse

saus

Sauce

zoutvatje

Salzstreuer

pepermolen

Pfeffermühle

azijn

Essig

olie

Öl

kruiden

Gewürze

ketchup

Ketchup

mosterd

Senf

mayonaise

Mayonnaise

aanbieding
Angebot

klant
Kunde

zuivelproducten
Milchprodukte

fruit
Obst

winkelwagen
Einkaufswagen

slagerij
Schlachterei

bakkerij
Bäckerei

wegen
wiegen

groenten
Gemüse

vlees
Fleisch

diepvriesvoedsel
Tiefkühlkost

charcuterie

Aufschnitt

conserven

Konserven

waspoeder

Waschmittel

snoep

Süßigkeiten

huishoudproducten

Haushaltsartikel

schoonmaakproducten

Reinigungsmittel

verkoopster

Verkäuferin

kassa

Kasse

kassier

Kassierer

boodschappenlijstje

Einkaufsliste

openingstijden

Öffnungszeiten

portefeuille

Brieftasche

kredietkaart

Kreditkarte

tas

Tasche

plastieken zakje

Plastiktüte

water

Wasser

sap

Saft

melk

Milch

cola

Cola

wijn

Wein

bier

Bier

alcohol

Alkohol

cacao

Kakao

thee

Tee

koffie

Kaffee

espresso

Espresso

cappuccino

Cappuccino

banaan

Banane

appel

Apfel

sinaasappel

Orange

meloen

Melone

citroen

Zitrone

wortel

Karotte

knoflook

Knoblauch

bamboe

Bambus

ajuin

Zwiebel

champignon

Pilz

noten

Nüsse

noodles

Nudeln

spaghetti

Spaghetti

rijst

Reis

salade

Salat

frieten

Pommes frites

gebakken aardappelen

Bratkartoffeln

pizza

Pizza

hamburger

Hamburger

sandwich

Sandwich

kalfslapje

Schnitzel

ham

Schinken

salami

Salami

worst

Wurst

kip

Huhn

braden

Braten

vis

Fisch

havervlokken

Haferflocken

muesli

Müsli

cornflakes

Cornflakes

bloem

Mehl

croissant

Croissant

pistolet

Brötchen

brood

Brot

toast

Toast

koekjes

Kekse

boter

Butter

kwark

Quark

taart

Kuchen

ei

Ei

spiegelei

Spiegelei

kaas

Käse

ijs

Eiscreme

suiker

Zucker

honing

Honig

confituur

Marmelade

choco

Nougat-Creme

curry

Curry

boerderij
Bauernhaus

schuur
Scheune

strobaal
Strohballen

veld
Feld

paard
Pferd

aanhangwagen
Anhänger

veulen
Fohlen

tractor
Traktor

ezel
Esel

schaap
Schaf

lam
Lamm

geit

Ziege

koe

Kuh

kalf

Kalb

varken

Schwein

biggetje

Ferkel

stier

Bulle

gans

Gans

eend

Ente

kuiken

Küken

kip

Huhn

haan

Hahn

rat

Ratte

kat

Katze

muis

Maus

os

Ochse

hond

Hund

hondenhok

Hundehütte

tuinslang

Gartenschlauch

gieter

Gießkanne

zeis

Sense

ploeg

Pflug

sikkel

Sichel

schoffel

Hacke

hooivork

Mistgabel

bijl

Axt

kruiwagen

Schubkarre

trog

Trog

melkkan

Milchkanne

zak

Sack

hek

Zaun

stal

Stall

broeikas

Treibhaus

bodem

Boden

zaad

Saat

mest

Dünger

maaidorser

Mähdrescher

oogsten

ernten

oogst

Ernte

yam

Yamswurzel

tarwe

Weizen

soja

Soja

aardappel

Kartoffel

maïs

Mais

koolzaad

Raps

fruitboom

Obstbaum

maniok

Maniok

graan

Getreide

schoorsteen
Schornstein

dak
Dach

regenpijp
Regenrinne

raam
Fenster

garage
Garage

deurbel
Klingel

deur
Tür

vuilnisbak
Mülleimer

brievenbus
Briefkasten

tuin
Garten

woonkamer
Wohnzimmer

badkamer
Badezimmer

keuken
Küche

slaapkamer
Schlafzimmer

kinderkamer
Kinderzimmer

eetkamer
Esszimmer

vloer

Boden

muur

Wand

plafond

Decke

kelder

Keller

sauna

Sauna

balkon

Balkon

terras

Terrasse

zwembad

Schwimmbad

grasmaaier

Rasenmäher

dekbedovertrek

Bettbezug

dekbed

Bettdecke

bed

Bett

bezem

Besen

emmer

Eimer

schakelaar

Schalter

behangpapier
Tapete

foto
Bild

lamp
Lampe

schap
Regal

kast
Schrank

open haard
Kamin

televisie
Fernseher

kussen
Kissen

bloem
Blume

sofa
Sofa

vaas
Vase

afstandsbediening
Fernbediening

mat
Teppich

gordijn
Vorhang

tafel
Tisch

stoel
Stuhl

schommelstoel
Schaukelstuhl

fauteuil
Sessel

boek

Buch

deken

Decke

decoratie

Dekoration

brandhout

Feuerholz

film

Film

stereo-installatie

Stereoanlage

sleutel

Schlüssel

krant

Zeitung

schilderij

Gemälde

poster

Poster

radio

Radio

notitieboekje

Notizblock

stofzuiger

Staubsauger

cactus

Kaktus

kaars

Kerze

koelkast
Kühlschrank

microgolfoven
Mikrowelle

keukenweegschaal
Küchenwaage

broodrooster
Toaster

afwasmiddel
Reinigungsmittel

oven
Backofen

vriesvak
Gefrierfach

vuilnisbak
Mülleimer

vaatwasmachine
Geschirrspüler

fornuis
Herd

pot
Topf

gietijzeren pot
Eisentopf

wok / kadai
Wok / Kadai

pan
Pfanne

waterkoker
Wasserkocher

stoomkoker

Dampfgarer

bakplaat

Backblech

servies

Geschirr

mok

Becher

kom

Schale

eetstokjes

Essstäbchen

pollepel

Suppenkelle

spatel

Pfannenwender

garde

Schneebesen

vergiet

Kochsieb

zeef

Sieb

rasp

Reibe

mortier

Mörser

barbecue

Grill

haardvuur

Feuerstelle

snijplank

Schneidebrett

deegrol

Nudelholz

kurkentrekker

Korkenzieher

blik

Dose

blikopener

Dosenöffner

pannenlap

Topflappen

gootsteen

Waschbecken

borstel

Bürste

spons

Schwamm

blender

Mixer

vriezer

Gefriertruhe

papfles

Babyflasche

kraan

Wasserhahn

verwarming
Heizung

douche
Dusche

handdoek
Handtuch

douchegordijn
Duschvorhang

bubbelbad
Schaumbad

badkuip
Badewanne

glas
Glas

wasmachine
Waschmaschine

kraan
Wasserhahn

tegels
Fliesen

kinderpo
Töpfchen

gootsteen
Waschbecken

toilet
Toilette

hurktoilet
Hocktoilette

bidet
Bidet

urinoir
Pissoir

toiletpapier
Toilettenpapier

toiletborstel
Toilettenbürste

tandenborstel

Zahnbürste

tandpasta

Zahnpasta

flosdraad

Zahnseide

wassen

waschen

handdouche

Handbrause

bidethanddouche

Intimdusche

waskom

Waschschüssel

rugborstel

Rückenbürste

zeep

Seife

douchegel

Duschgel

shampoo

Shampoo

washandje

Waschlappen

afvoer

Abfluss

crème

Creme

deodorant

Deodorant

spiegel

Spiegel

handspiegel

Kosmetikspiegel

scheermes

Rasierer

scheerschuim

Rasierschaum

aftershave

Rasierwasser

kam

Kamm

borstel

Bürste

haardroger

Föhn

haarlak

Haarspray

make-up

Makeup

lippenstift

Lippenstift

nagellak

Nagellack

watten

Watte

nagelknipper

Nagelschere

parfum

Parfum

toilettas
Kulturbeutel

kruk
Hocker

weegschaal
Waage

badjas
Bademantel

latex handschoenen
Gummihandschuhe

tampon
Tampon

maandverband
Damenbinde

chemisch toilet
Chemietoilette

wekker
Wecker

knuffel
Kuscheltier

speelgoedauto
Spielzeugauto

poppenhuis
Puppenhaus

geschenk
Geschenk

rammelaar
Rassel

ballon
Ballon

bed
Bett

kinderwagen
Kinderwagen

spel kaarten
Kartenspiel

puzzel
Puzzle

stripboek
Comic

legoblokjes

Legosteine

blokken

Bausteine

actiefiguur

Action Figur

kruippakje

Strampelanzug

frisbee

Frisbee

mobiel

Mobile

bordspel

Brettspiel

dobbelsteen

Würfel

modelspoorweg

Modelleisenbahn

fopspeen

Schnuller

feest

Party

prentenboek

Bilderbuch

bal

Ball

pop

Puppe

spelen

spielen

zandbak
Sandkasten

schommel
Schaukel

speelgoed
Spielzeug

spelconsole
Spielkonsole

driewieler
Dreirad

knuffelbeer
Teddy

kleerkast
Kleiderschrank

kleding
Kleidung

sokken
Socken

kousen
Strümpfe

maillot
Strumpfhose

sjaal
Schal

paraplu
Regenschirm

riem
Gürtel

T-shirt
T-Shirt

laarzen
Stiefel

slippers
Hausschuhe

sneakers
Turnschuhe

sandalen
....
Sandalen

schoenen
....
Schuhe

rubberlaarzen
....
Gummistiefel

onderbroek
....
Unterhose

beha
....
Büstenhalter

onderhemd
....
Unterhemd

lichaam

Body

broek

Hose

jeans

Jeans

rok

Rock

blouse

Bluse

hemd

Hemd

trui

Pullover

capuchontrui

Kapuzenpullover

blazer

Blazer

jas

Jacke

jas

Mantel

regenjas

Regenmantel

kostuum

Kostüm

jurk

Kleid

trouwjurk

Hochzeitskleid

pak

Anzug

nachthemd

Nachthemd

pyjama

Schlafanzug

sari

Sari

hoofddoek

Kopftuch

tulband

Turban

boerka

Burka

kaftan

Kaftan

abaya

Abaya

badpak

Badeanzug

zwembroek

Badehose

short

Kurze Hose

trainingspak

Trainingsanzug

schort

Schürze

handschoenen

Handschuhe

knoop

Knopf

bril

Brille

armband

Armband

ketting

Halskette

ring

Ring

oorbel

Ohrring

pet

Mütze

kapstok

Kleiderbügel

hoed

Hut

das

Krawatte

rits

Reißverschluss

helm

Helm

bretellen

Hosenträger

schooluniform

Schuluniform

uniform

Uniform

slabbetje
....
Lätzchen

fopspeen
....
Schnuller

luier
....
Windel

server
Server

dossierkast
Aktenschrank

printer
Drucker

monitor
Monitor

papier
Papier

bureau
Schreibtisch

muis
Maus

map
Ordner

toestenbord
Tastatur

papiermand
Papierkorb

stoel
Stuhl

computer
Computer

koffiemok
....
Kaffeebecher

rekenmachine
....
Taschenrechner

internet
....
Internet

laptop

Laptop

brief

Brief

bericht

Nachricht

gsm

Handy

netwerk

Netzwerk

kopieerapparaat

Kopierer

software

Software

telefoon

Telefon

stopcontact

Steckdose

fax

Fax

formulier

Formular

document

Dokument

kopen

kaufen

betalen

bezahlen

handelen

handeln

geld

Geld

dollar

Dollar

euro

Euro

yen

Yen

roebel

Rubel

Zwitserse frank

Franken

Chinese renminbi

Renminbi Yuan

roepie

Rupie

geldautomaat

Geldautomat

wisselkantoor

Wechselstube

goud

Gold

zilver

Silber

olie

Öl

energie

Energie

prijs

Preis

contract

Vertrag

belasting

Steuer

aandeel

Aktie

werken

arbeiten

werknemer

Angestellter

werkgever

Arbeitgeber

fabriek

Fabrik

winkel

Geschäft

politieagent
Polizist

brandweerman
Feuerwehrmann

kok
Koch

dokter
Arzt

piloot
Pilot

tuinman

Gärtner

timmerman

Tischler

naaister

Näherin

rechter

Richter

chemicus

Chemiker

acteur

Schauspieler

buschauffeur

Busfahrer

taxichauffeur

Taxifahrer

visser

Fischer

schoonmaakster

Putzfrau

dakdekker

Dachdecker

ober

Kellner

jager

Jäger

schilder

Maler

bakker

Bäcker

elektricien

Elektriker

bouwvakker

Bauarbeiter

ingenieur

Ingenieur

slager

Schlachter

loodgieter

Klempner

postbode

Postbote

beroepen - Berufe

soldaat

Soldat

architect

Architekt

kassier

Kassierer

bloemist

Florist

kapper

Friseur

conducteur

Schaffner

mecanicien

Mechaniker

kapitein

Kapitän

tandarts

Zahnarzt

wetenschapper

Wissenschaftler

rabbijn

Rabbi

imam

Imam

monnik

Mönch

geestelijke

Geistlicher

hamer
Hammer

tang
Zange

schroevendraaier
Schraubendreher

zaklamp
Taschenlampe

schroefsleutel
Schraubenschlüssel

graafmachine

Bagger

gereedschapskoffer

Werkzeugkasten

ladder

Leiter

zaag

Säge

spijkers

Nägel

boormachine

Bohrer

repareren
_____
reparieren

schop
_____
Schaufel

Verdomme!
_____
Mist!

blik
_____
Kehrblech

verfpot
_____
Farbtopf

schroeven
_____
Schrauben

muziekinstrumenten
Musikinstrumente

luidspreker
Lautsprecher

drumstel
Schlagzeug

gitaar
Gitarre

contrabas
Kontrabass

trompet
Trompete

piano

Klavier

viool

Violine

basgitaar

Bass

pauk

Pauke

trommels

Trommeln

keyboard

Keyboard

saxofoon

Saxophon

fluit

Flöte

microfoon

Mikrofon

tijger
Tiger

ingang
Eingang

kooi
Käfig

zebra
Zebra

diereneten
Tierfutter

panda
Panda

dieren

Tiere

olifant

Elefant

kangoeroe

Känguru

neushoorn

Nashorn

gorilla

Gorilla

beer

Bär

kameel

Kamel

struisvogel

Strauß

leeuw

Löwe

aap

Affe

flamingo

Flamingo

papegaai

Papagei

ijsbeer

Eisbär

pinguïn

Pinguin

haai

Hai

pauw

Pfau

slang

Schlange

krokodil

Krokodil

dierenverzorger

Zoowärter

zeehond

Robbe

jaguar

Jaguar

pony

Pony

luipaard

Leopard

nijlpaard

Nilpferd

giraffe

Giraffe

adelaar

Adler

wild zwijn

Wildschwein

vis

Fisch

zeeschildpad

Schildkröte

walrus

Walross

vos

Fuchs

gazelle

Gazelle

rugby
American Football

wielrennen
Radfahren

tennis
Tennis

basketbal
Basketball

zwemmen
Schwimmen

boksen
Boxen

ijshockey
Eishockey

voetbal

Fußball

badminton

Badminton

atletiek

Leichtathletik

handbal

Handball

skiën

Skilaufen

polo

Polo

lachen
lachen

springen
springen

knuffelen
umarmen

wandelen
gehen

zingen
singen

dromen
träumen

bidden
beten

kussen
küssen

schrijven
schreiben

tekenen
zeichnen

tonen
zeigen

duwen
drücken

geven
geben

nemen
nehmen

hebben
haben

doen
tun

zijn
sein

staan
stehen

lopen
laufen

trekken
ziehen

gooien
werfen

vallen
fallen

liggen
liegen

wachten
warten

dragen
tragen

zitten
sitzen

aankleden
anziehen

slapen
schlafen

ontwaken
aufwachen

kijken naar

ansehen

wenen

weinen

aaien

streicheln

kammen

kämmen

praten

reden

begrijpen

verstehen

vragen

fragen

luisteren

hören

drinken

trinken

eten

essen

opruimen

aufräumen

houden van

lieben

koken

kochen

rijden

fahren

vliegen

fliegen

zeilen

segeln

rekenen

rechnen

Lezen

lesen

leren

lernen

werken

arbeiten

trouwen

heiraten

naaien

nähen

tandenpoetsen

Zähne putzen

doden

töten

roken

rauchen

sturen

senden

grootmoeder
Großmutter

grootvader
Großvater

vader
Vater

moeder
Mutter

baby
Baby

dochter
Tochter

zoon
Sohn

gast

Gast

tante

Tante

oom

Onkel

broer

Bruder

zus

Schwester

voorhoofd
Stirn

oog
Auge

gezicht
Gesicht

kin
Kinn

borst
Brust

vinger
Finger

hand
Hand

arm
Arm

schouder
Schulter

been
Bein

baby
Baby

man
Mann

vrouw
Frau

meisje
Mädchen

jongen
Junge

hoofd
Kopf

rug
Rücken

buik
Bauch

navel
Nabel

teen
Zeh

hiel
Ferse

bot
Knochen

heup
Hüfte

knie
Knie

elleboog
Ellenbogen

neus
Nase

zitvlak
Gesäß

huid
Haut

wang
Wange

oor
Ohr

lip
Lippe

mond

Mund

tand

Zahn

tong

Zunge

hersenen

Gehirn

hart

Herz

spier

Muskel

long

Lunge

lever

Leber

maag

Magen

nieren

Nieren

seks

Geschlechtsverkehr

condoom

Kondom

eicel

Eizelle

sperma

Sperma

zwangerschap

Schwangerschaft

menstruatie

Menstruation

vagina

Vagina

penis

Penis

wenkbrauw

Augenbraue

haar

Haar

nek

Hals

ziekenhuis
Krankenhaus

ambulance
Krankenwagen

rolstoel
Rollstuhl

breuk
Bruch

dokter

Arzt

spoed

Notaufnahme

verpleegkundige

Krankenschwester

noodgeval

Notfall

bewusteloos

ohnmächtig

pijn

Schmerz

verwonding

Verletzung

bloeding

Blutung

hartaanval

Herzinfarkt

beroerte

Schlaganfall

allergie

Allergie

hoest

Husten

koorts

Fieber

griep

Grippe

diarree

Durchfall

hoofdpijn

Kopfschmerzen

kanker

Krebs

diabetes

Diabetis

chirurg

Chirurg

scalpel

Skalpell

operatie

Operation

CT
CT

röntgenstraal
Röntgen

ultrageluid
Ultraschall

gezichtsmasker
Maske

ziekte
Krankheit

wachtkamer
Wartezimmer

kruk
Krücke

pleister
Pflaster

verband
Verband

injectie
Injektion

stethoscoop
Stethoskop

brancard
Trage

thermometer
Thermometer

geboorte
Geburt

overgewicht
Übergewicht

hoorapparaat

Hörgerät

ontsmettingsmiddel

Desinfektionsmittel

infectie

Infektion

virus

Virus

HIV / AIDS

HIV / AIDS

medicijn

Medizin

vaccinatie

Impfung

tabletten

Tabletten

pil

Pille

noodoproep

Notruf

bloeddrukmeter

Blutdruck-Messgerät

ziek / gezond

krank / gesund

Help!
....
Hilfe!

alarm
....
Alarm

overval
....
Überfall

aanval
....
Angriff

gevaar
....
Gefahr

nooduitgang
....
Notausgang

Brand!
....
Feuer!

brandblusser
....
Feuerlöscher

ongeval
....
Unfall

EHBO-kit
....
Erste-Hilfe-Koffer

SOS
....
SOS

politie
....
Polizei

Europa

Europa

Noord-Amerika

Nordamerika

Zuid-Amerika

Südamerika

Afrika

Afrika

Azië

Asien

Australië

Australien

Atlantische Oceaan

Atlantik

Stille Oceaan

Pazifik

Indische Oceaan

Indischer Ozean

Antarctische Oceaan

Antarktischer Ozean

Arctische Oceaan

Arktischer Ozean

Noordpool

Nordpol

Zuidpool
Südpol

Antarctica
Antarktis

aarde
Erde

land
Land

zee
Meer

eiland
Insel

natie
Nation

staat
Staat

wijzerplaat
Zifferblatt

uurwijzer
Stundenzeiger

minuutwijzer
Minutenzeiger

secondewijzer
Sekundenzeiger

Hoe laat is het?
Wie spät ist es?

dag
Tag

tijd
Zeit

nu
jetzt

digitale horloge
Digitaluhr

minuut
Minute

uur
Stunde

maandag Montag — MO
woensdag Mittwoch — W
vrijdag Freitag — FR
TU
dinsdag Dienstag
TH
zaterdag Samstag — SA
donderdag Donnerstag
zondag Sonntag — SO

gisteren

gestern

vandaag

heute

morgen

morgen

ochtend

Morgen

middag

Mittag

avond

Abend

werkdagen

Arbeitstage

weekend

Wochenende

regen
Regen

regenboog
Regenbogen

wind
Wind

sneeuw
Schnee

lente
Frühling

herfst
Herbst

zomer
Sommer

winter
Winter

weervoorspelling

Wettervorhersage

thermometer

Thermometer

zonneschijn

Sonnenschein

wolk

Wolke

mist

Nebel

vochtigheid

Luftfeuchtigkeit

bliksem

Blitz

donder

Donner

storm

Sturm

hagel

Hagel

moesson

Monsun

overstroming

Flut

ijs

Eis

januari

Januar

februari

Februar

maart

März

april

April

mei

Mai

juni

Juni

juli

Juli

augustus

August

september
....
September

oktober
....
Oktober

november
....
November

december
....
Dezember

cirkel
....
Kreis

kwadraat
....
Quadrat

rechthoek
....
Rechteck

driehoek
....
Dreieck

bol
....
Kugel

kubus
....
Würfel

wit
weiß

geel
gelb

oranje
orange

roze
pink

rood
rot

paars
lila

blauw
blau

groen
grün

bruin
braun

grijs
grau

zwart
schwarz

veel / weinig

viel / wenig

boos / kalm

wütend / friedlich

mooi / lelijk

hübsch / hässlich

begin / einde

Anfang / Ende

groot / klein

groß / klein

licht / donker

hell / dunkel

broer / zus

Bruder / Schwester

proper / vuil

sauber / schmutzig

volledig / onvolledig

vollständig / unvollständig

dag / nacht

Tag / Nacht

dood / levend

tot / lebendig

breed / smal

breit / schmal

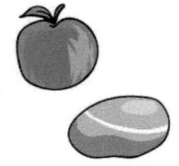

eetbaar / oneetbaar

genießbar / ungenießbar

kwaadaardig / vriendelijk

böse / freundlich

opgewonden / verveeld

aufgeregt / gelangweilt

dik / dun

dick / dünn

eerst / laatst

zuerst / zuletzt

vriend / vijand

Freund / Feind

vol / leeg

voll / leer

hard / zacht

hart / weich

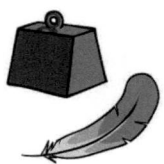

zwaar / licht

schwer / leicht

honger / dorst

Hunger / Durst

ziek / gezond

krank / gesund

illegaal / legaal

illegal / legal

intelligent / dom

intelligent / dumm

links / rechts

links / rechts

dichtbij / veraf

nah / fern

nieuw / gebruikt

neu / gebraucht

niets / iets

nichts / etwas

oud / jong

alt / jung

aan / uit

an / aus

open / dicht

offen / geschlossen

stil / luid

leise / laut

rijk / arm

reich / arm

juist / fout

richtig / falsch

ruw / glad

rau / glatt

droevig / blij

traurig / glücklich

kort / lang

kurz / lang

traag / snel

langsam / schnell

nat / droog

nass / trocken

warm / koud

warm / kühl

oorlog / vrede

Krieg / Frieden

0

nul
null

1

één
eins

2

twee
zwei

3

drie
drei

4

vier
vier

5

vijf
fünf

6

zes
sechs

7

zeven
sieben

8

acht
acht

9

negen
neun

10

tien
zehn

11

elf
elf

12

twaalf
zwölf

13

dertien
dreizehn

14

veertien
vierzehn

15

vijftien
fünfzehn

16

zestien
sechzehn

17

zeventien
siebzehn

18

achtien
achtzehn

19

negentien
neunzehn

20

twintig
zwanzig

100

honderd
hundert

1.000

duizend
tausend

1.000.000

miljoen
million

Engels

Englisch

Amerikaans Engels

Amerikanisches Englisch

Chinees (Mandarijn)

Chinesisch Mandarin

Hindi

Hindi

Spaans

Spanisch

Frans

Französisch

Arabisch

Arabisch

Russisch

Russisch

Portugees

Portugiesisch

Bengali

Bengalisch

Duits

Deutsch

Japans

Japanisch

ik
....
ich

u
....
du

hij / zij / het
....
er / sie / es

wij
....
wir

u
....
ihr

ze
....
sie

wie?
....
wer?

wat?
....
was?

hoe?
....
wie?

waar?
....
wo?

wanneer?
....
wann?

naam
....
Name

achter

hinter

in

in

voor

vor

boven

über

op

auf

onder

unter

naast

neben

tussen

zwischen

plaats

Ort